Adam – Bretagne

Hans Christian Adam **BRETAGNE**

L'Iconothèque
Éditions J.C. Lattès

Couverture : Phare de la Vieille, Pointe du Raz

Page précédente : Étang de Birlot

Textes choisis et adaptés par Pierre Ripert

© Harenberg Kommunikation, Dortmund 1986
© Éditions Jean-Claude Lattès 1990
pour l'adaptation française
Printed in Germany

Sommaire

Ile de Bréhat

Introduction

Pour que le sang joyeux dompte l'esprit morose,
Il faut, tout parfumé du sel des goëmons,
Que le souffle atlantique emplisse tes poumons ;
Arvor t'offre ses caps que la mer blanche arrose.

L'ajonc fleurit et la bruyère est déjà rose.
La terre des vieux clans, des nains et des démons,
Ami, te garde encor, sur le granit des monts,
L'homme immobile auprès de l'immuable chose.

Viens. Partout tu verras, par les landes d'Arèz,
Monter vers le ciel morne, infrangible cyprès,
Le menhir sous lequel gît la cendre du Brave ;

Et l'Océan, qui roule en un lit d'algues d'or
Is la voluptueuse et la grande Occismor,
Bercera ton cœur triste à son murmure grave.

José-Maria de Heredia

La Bretagne, cette « fin de terre », cette pointe dans la mer où vient aboutir tout un continent, est, à elle toute seule, un univers varié, coloré, séduisant. Cette Bretagne déchiquetée par l'océan, arasée par les vents d'Ouest, ployée sous des cieux mordorés, cette Bretagne éternelle du granit et de l'ardoise, de la lande et de la vague, nous avons choisi de vous la présenter en images :

Avec les photographies de Hans-Christian Adam, un Allemand qui a vagabondé parmi les plages et les sentiers, fixant sur la pellicule ses émerveillements, ses nostalgies dans la lumière douce des crépuscules bretons.

Avec, en appoint, pour servir de reflet à l'image – et à l'insu du photographe –, les textes d'écrivains célèbres : Chateaubriand, bien sûr, qui voulut son tombeau au large de Saint-Malo ; le Normand Gustave Flaubert, qui, dans sa jeunesse, entreprit, avec son ami Maxime du

Camp, de visiter l'Ouest et de tenir un journal de voyage, à la façon des explorateurs ; Victor Hugo, fils d'une Vendéenne, qui trouva, dans le caractère des Bretons et dans l'âpreté de leurs paysages, matière à épopée, de *Quatre-vint-treize* aux *Travailleurs de la mer*... Pierre Loti, qui immortalisa les *Islandais*, Tristan Corbière, né à Morlaix, adolescent à Roscoff, poète maudit à Paris, puisque sa santé fragile lui interdisait de naviguer. Il mourut à Morlaix l'année de ses trente ans, en pressant sur sa poitrine un bouquet de bruyères en fleur qu'il avait voulu qu'on lui cueille...

Leurs textes, les photographies de Hans-Christian Adam, vous donnerons, nous l'espérons, loin des guides trop didactiques et des cartes postales figées un reflet autre de la Bretagne. Et l'envie d'y venir, ou d'y revenir.

Histoire

Les mégalithes, contemporains du néolithique et de l'âge de bronze (4500-2000 av. J.-C.), en sont la preuve : une civilisation, capable de les dresser, et de pratiquer des échanges maritimes en Manche existait déjà. Par vagues successives des atlanto-méditerranéens seraient venus se fixer en Bretagne, avant d'être, six cents ans avant notre ère, submergés par les Celtes venus d'Europe centrale. Lesquels baptisent Armorique leur terre d'accueil.

Les légions romaines pénètrent en territoire breton en 56 av. J.-C. et, pendant quatre siècles, les gallo-romains font souche. Jusqu'à ce que des Celtes, eux-mêmes chassés d'Angleterre par les Saxons et les Angles, les refoulent vers le Sud et le Centre, lors d'une immigration qui dure deux siècles, et substituent à l'ordre romain, puis franc, des principautés indépendantes.

Les régions de Vannes, Rennes, et Nantes restent, elles, fidèles au royaume franc. A la tête de cette « marche de Bretagne », Charlemagne désigne son neveu Roland. Ses successeurs ne parviennent pas à soumettre la province, et un chef breton, Nominoë, se proclame roi de Bretagne tout en affirmant son indépendance. Ses successeurs auront moins à redouter les velléités d'annexion de leurs voisins français que les raids normands et les rivalités entre seigneurs bretons qui mettent le pays à feu et à sang.

Ce n'est qu'au Xᵉ siècle que les ducs de Bretagne, Alain le Grand et Alain Barbe-Torte, son petit-fils, repoussent les Normands et matent les féodaux. La Bretagne, où le servage n'existe pas, et où le pouvoir laïc supplante celui de l'Église, veille à son indépendance, même si, à partir de 1250, le duc de Bretagne se reconnaît vassal du roi de France. La guerre entre Capétiens et Plantagenêts, entre rois de France et d'Angleterre oblige les ducs, pris territorialement entre les deux, à user de diplomatie, d'autant plus que la Bretagne, par laquelle transite un important trafic maritime, connaît une grande prospérité.

Prospérité qui ne peut qu'exciter les convoitises. La guerre de Cent Ans achevée, Charles VIII écrase l'armée bretonne à la bataille de Saint-Aubin-du-Cormier (1488), et épouse Anne de Bretagne, héritière du dernier duc. Devenue veuve, elle doit se remarier avec le successeur de son défunt époux, Louis XII, duquel elle aura une fille, Claude, qui épousera François Iᵉʳ. En 1532, l'union du duché au royaume est solennellement proclamée.

Jusqu'à la Révolution, les ports bretons, qui bénéficient de l'expansion coloniale et des guerres maritimes, restent prospères. Des mesures impopulaires décrétées par la Convention, et les persécutions religieuses provoquent la Chouannerie.

Au XIXᵉ siècle, de nombreux jeunes Bretons émigrent vers Paris, quittant, par le chemin de fer, une province délaissée par l'essor économique et industriel.

Le Tro Briez et les pardons

Ce tour de Bretagne était, au Moyen Age, un pèlerinage qui durait un mois environ, et passait par les tombeaux des sept saints bretons fondateurs d'évêchés : saint Samson (à Dol), saint Malo, saint Brieuc, saint Tugdual (à Tréguier), saint Pol-Aurélien (à Saint-Pol-de-Léon), saint Corentin à Quimper, saint Patern à Vannes.

Survivance du Moyen Age, le pardon est un pèlerinage collectif au cours duquel on tente, par des messes, actions de grâces et processions, d'obtenir du saint vénéré dans la paroisse le pardon de ses fautes ou une éventuelle guérison d'un mal. Les pardons s'accompagnaient souvent de fêtes profanes, et les saints invoqués, bretons et celtiques, n'étaient pas toujours reconnus par l'Église catholique.

La gastronomie

La Bretagne du littoral est le pays des poissons – toujours frais – et des fruits de mer. Du homard, aussi !

Mais il y a également la charcuterie bretonne, héritière d'une vieille tradition (à l'intérieur des terres, on ne consommait pas de poisson), et les crêpes et galettes, consommées sèches, ou légèrement beurrées, éventuellement accompagnées d'un œuf ou d'une saucisse.

En pâtisserie, le kouign amân, gâteau au beurre et à la farine de froment, à l'œuf et au miel, feuilleté et frit.

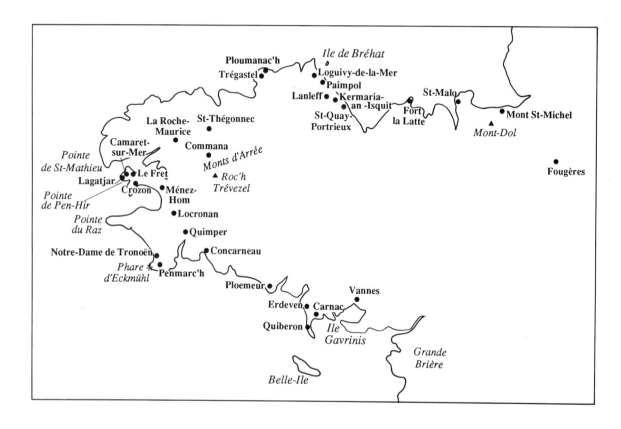

Un peintre

A Emmanuel Lansyer.

Il a compris la race antique aux yeux pensifs
Qui foule le sol dur de la terre bretonne,
La lande rase, rose et grise et monotone
Où croulent les manoirs sous le lierre et les ifs.

Des hauts talus plantés de hêtres convulsifs,
Il a vu, par les soirs tempétueux d'automne,
Sombrer le soleil rouge en la mer qui moutonne;
Sa lèvre s'est salée à l'embrun des récifs.

Il a peint l'Océan splendide, immense et triste,
Où le nuage laisse un reflet d'améthyste,
L'émeraude écumante et le calme saphir;

Et fixant l'eau, l'air, l'ombre et l'heure insaisissables,
Sur une toile étroite il a fait réfléchir
Le ciel occidental dans le miroir des sables.

José-Maria de *Heredia*, Les Trophées

13

Le Mont-Saint-Michel

J'étais hier au Mont-Saint-Michel. Ici, il faudrait entasser les superlatifs d'admiration, comme les hommes ont entassé les édifices sur les rochers et comme la nature a entassé les rochers sur les édifices. (...)

A l'extérieur, le Mont-Saint-Michel apparaît, de huit lieues en terre et de quinze en mer, comme une chose sublime, une pyramide merveilleuse dont chaque assise est un rocher énorme façonné par l'océan ou un haut habitacle sculpté par le Moyen Age, et ce bloc monstrueux a pour base, tantôt un désert de sable comme Chéops, tantôt la mer comme le Ténériffe. (...)

Je suis monté sur ce télégraphe qui s'agitait fort en ce moment. Arrivé sur la plate-forme, l'homme d'en bas qui tirait les ficelles m'a crié de ne pas me laisser toucher par les antennes de la machine, que le moindre contact me jetterait infailliblement dans la mer. La chute serait rude, plus de cinq cents pieds. Il faisait grand vent. Je me suis cramponné à l'échelle, et j'ai oublié les contorsions du télégraphe au-dessus de ma tête en regardant l'admirable horizon qui entoure le Mont-Saint-Michel de sa circonférence où la mer se soude à la verdure et la verdure aux grèves.

La mer montait en ce moment-là. Au dessous de moi, à travers les barreaux d'un de ces cachots qu'ils appellent *les loges*, je voyais pendre les jambes d'un prisonnier qui, tourné vers la Bretagne, chantait mélancoliquement une chanson bretonne que la rafale emportait en Normandie.

Victor Hugo
Lettre à Adèle, 28 juin 1836

Quelle vision, quand on arrive, comme moi à Avranches, vers la fin du jour ! La ville est sur une colline ; et on me conduisit dans le jardin public, au bout de la cité. Je poussai un cri d'étonnement. Une baie démesurée s'étendait devant moi, à perte de vue, entre deux côtes écartées se perdant au loin dans les brumes ; et au milieu de cette immense baie jaune, sous un ciel d'or et de clarté, s'élevait sombre et pointu un mont étrange, au milieu des sables. Le soleil venait de disparaître, et sur l'horizon encore flamboyant se dessinait le profil de ce fantastique rocher qui porte sur son sommet un fantastique monument.

Dès l'aurore, j'allai vers lui. La mer était basse, comme la veille au soir, et je regardais se dresser devant moi, à mesure que j'approchais d'elle, la surprenante abbaye. Après plusieurs heures de marche, j'atteignis l'énorme bloc de pierres qui porte la petite cité dominée par la grande église. Ayant gravi la rue étroite et rapide, j'entrai dans la plus admirable demeure gothique construite pour Dieu sur la terre, vaste comme une ville, pleine de salles basses écrasées sous des voûtes et de hautes galeries que soutiennent de frêles colonnes.

Guy de Maupassant, Le Horla

Mont-Saint-Michel

Tantôt l'onde brouillant l'arène,
Murmure et frémit de courroux,
Se roulant dessus les cailloux,
Qu'elle apporte et qu'elle r'entraîne.
Tantôt elle étale en ses bords,
Que l'ire de Neptune outrage,
Des gens noyés, des monstres morts,
Des vaisseaux brisés du naufrage,
Des diamants, de l'ambre gris,
Et mille autres choses de prix.

Tantôt la plus claire du monde,
Elle semble un miroir flottant,
Et nous représente à l'instant
Encore d'autres cieux sous l'onde.
Le soleil s'y fait si bien voir,
Y contemplant son beau visage,
Qu'on est quelque temps à savoir
Si c'est lui-même, ou son image,
Et d'abord il semble à nos yeux
Qu'il s'est laissé tomber des cieux.

Saint-Amant, La Solitude

Plage de Port-Donnant, Belle-Ile

Un pays, – non, ce sont des côtes brisées de la dure Bretagne : *Penmarc'h, Toul-Infern, Poul-Dahut, Stang-an-Ankou...* Des noms barbares hurlés par les rafales, roulés sous les lames sourdes, cassés dans les brisants et perdus en chair de poule sur les marais... Des noms qui ont des voix.

Là, sous le ciel neutre, la tourmente est chez elle : le calme est un deuil.

Là, c'est l'étang plombé qui gît sur la cité d'Ys, la Sodome noyée.

Là, c'est la *Baie-des-Trépassés* où, des profondeurs, reviennent les os des naufragés frapper aux portes des cabanes pour quêter un linceul ; et le *Raz-de-Sein*, couturé de courants que *jamais homme n'a passé sans peur ou mal.*

Là naissent et meurent des êtres couleur de roc, patients comme des éternels, rendant par hoquets une langue pauvre, presque éteinte, qui ne sait rire ni pleurer...

Tristan Corbière, Casino des Trépassés

Côte Sauvage, Quiberon

Côte Sauvage, Quiberon
l'arche de Port-Blanc

22

Cette arche, ogive naturelle façonnée par le flot, était éclatante entre ses deux jambages profonds et noirs. C'est par ce porche submergé qu'entrait dans la caverne la clarté de la haute mer. Jour étrange donné par un engloutissement.

Cette clarté s'évasait sous la lame comme un large éventail et se répercutait sur le rocher. Ses rayonnements rectilignes, découpés en longues bandes droites, sur l'opacité du fond, s'éclaircissant ou s'assombrissant d'une anfractuosité à l'autre, imitaient des interpositions de lames de verre. Il y avait du jour dans cette cave, mais du jour inconnu. Il n'y avait plus dans cette clarté rien de notre lumière.

On pouvait croire qu'on venait d'enjamber dans une autre planète. La lumière était une énigme ; on eût dit la lueur glauque de la prunelle d'un sphinx. Cette cave figurait le dedans d'une tête de mort énorme et splendide ; la voûte était le crâne, et l'arche était la bouche ; les trous des yeux manquaient. Cette bouche, avalant et rendant le flux et le reflux, béante au plein midi extérieur, buvait de la lumière et vomissait de l'amertume. De certains êtres, intelligents et mauvais, ressemblent à cela. Le rayon du soleil, en traversant ce porche obstrué d'une épaisseur vitreuse d'eau de mer, devenait vert comme un rayon d'Aldébaran. L'eau, toute pleine de cette lumière mouillée, paraissait de l'émeraude en fusion. Une nuance d'aigue-marine d'une délicatesse inouïe teignait mollement toute la caverne. La voûte, avec ses lobes presque cérébraux et ses ramifications rampantes pareilles à des épanouissements de nerfs, avait un tendre reflet de chrysoprase. Les moires du flot, réverbérées au plafond, s'y décomposaient et s'y recomposaient sans fin, élargissant et rétrécissant leurs mailles d'or avec un mouvement de danse mystérieuse.

Victor Hugo, les Travailleurs de la mer

Cette mer que je devais rencontrer sur tant de rivages, baignait à Brest l'extrémité de la péninsule Armoricaine : après ce cap avancé, il n'y avait plus rien qu'un océan sans bornes et des mondes inconnus; mon imagination se jouait dans ces espaces.

Chateaubriand, Mémoires d'Outre-tombe

Ploumanac'h

Les rochers

Dans l'archipel de la Manche, la côte est presque partout sauvage. Ces îles sont de riants intérieurs, d'un abord âpre et bourru. La Manche étant une quasi-Méditerranée, la vague est courte et violente, le flot est un clapotement. De là un bizarre martellement des falaises, et l'affouillement profond de la côte. Qui longe cette côte passe par une série de mirages. A chaque instant le rocher essaie de vous faire sa dupe. Où les illusions vont-elles se nicher? Dans le granit. Rien de plus étrange. D'énormes crapauds de pierre sont là, sortis de l'eau sans doute pour respirer; des nonnes géantes se hâtent, penchées sur l'horizon; les plis pétrifiés de leur voile ont la forme de la fuite du vent; des rois à couronnes plutoniennes méditent sur de massifs trônes à qui l'écume n'est pas épargnée; des êtres quelconques enfouis dans la roche dressent leurs bras dehors; on voit les doigts des mains ouvertes. Tout cela c'est la côte informe. Approchez, il n'y a plus rien. La pierre a de ces évanouissements. Voici une forteresse, voici un temple fruste, voici un chaos de masures et de murs démantelés, tout l'arrachement d'une ville déserte. Il n'existe ni ville, ni temple, ni forteresse ; c'est la falaise. A mesure qu'on s'avance ou qu'on s'éloigne ou qu'on dérive ou qu'on tourne, la rive se défait ; pas de kaléidoscope plus prompt à l'écroulement ; les aspects se désagrègent pour se recomposer ; la perspective fait des siennes. Ce bloc est un trépied, puis c'est un lion, puis c'est un ange, et il ouvre les ailes ; puis c'est une figure assise qui lit dans un livre. Rien ne change de forme comme les nuages, si ce n'est les rochers.

Ces formes éveillent l'idée de grandeur, non de beauté. Loin de là. Elles sont parfois maladives et hideuses. La roche a des nodosités, des tumeurs, des kystes, des ecchymoses, des loupes, des verrues. Les monts sont les gibbosités de la terre. Mme de Staël entendant M. de Chateaubriand, qui avait les épaules un peu hautes, mal parler des Alpes, disait : *jalousie de bossu*. Les grandes lignes et les grandes majestés de la nature, le niveau des mers, la silhouette des montagnes, le sombre des forêts, le bleu du ciel, se compliquent d'on ne sait quelle dislocation énorme mêlée à l'harmonie. La beauté a ses lignes, la difformité a les siennes. Il y a le sourire et il y a le rictus. La désagrégation fait sur la roche les mêmes effets que sur la nuée. Ceci flotte et se décompose, ceci est stable et incohérent. Un reste d'angoisse du chaos est dans la création. Les splendeurs ont des balafres. Une laideur, éblouissante parfois, se mêle aux choses les plus magnifiques et semble protester contre l'ordre. Il y a de la grimace dans le nuage. Il y a un grotesque céleste. Toutes les lignes sont brisées dans le flot, dans le feuillage, dans le rocher, et on ne sait quelles parodies s'y laissent entrevoir. L'informe y domine. Jamais un contour n'y est correct. Grand, oui; pur, non. Examinez les nuages; toutes sortes de visages s'y dessinent, toutes sortes de ressemblances s'y montrent, toutes sortes de figures s'y esquissent; cherchez-y un profil grec. Vous y trouverez Caliban, non Vénus; jamais vous n'y verrez le Parthénon. Mais parfois, à la nuit tombante, quelque grande table d'ombre, posée sur des jambages de nuée, et entourée de blocs de brume, ébauchera dans le livide ciel crépusculaire un cromlech immense et monstrueux.

Victor Hugo, Les Travailleurs de la mer

Pointe de Pen-Hir

St-Malo, plage de Bon-Secours

30

Ploumanac'h, château de Costaëres

Mousse : il est donc marin, ton père ?...
– Pêcheur. Perdu depuis longtemps.
En découchant d'avec ma mère,
Il a couché dans les brisants...

Maman lui garde au cimetière
Une tombe – et rien dedans –
C'est moi son mari sur la terre,
Pour gagner du pain aux enfants.

Deux petits. – Alors, sur la plage,
Rien n'est revenu du naufrage ?...
– Son garde-pipe et son sabot...

La mère pleure, le dimanche,
Pour repos... Moi : j'ai ma revanche
Quand je serai grand – matelot ! –

                    Baie des Trépassés.

          Tristan Corbière, les Amours jaunes

Vieil océan, tu es si puissant, que les hommes l'ont appris à leurs propres dépens. Ils ont beau employer toutes les ressources de leur génie... incapables de te dominer. Ils ont trouvé leur maître. Je dis qu'ils ont trouvé quelque chose de plus fort qu'eux. Ce quelque chose a un nom. Ce nom est : l'océan ! La peur que tu leur inspires est telle, qu'ils te respectent. Malgré cela, tu fais valser leurs plus lourdes machines avec grâce, élégance et facilité. Tu leur fais faire des sauts gymnastiques jusqu'au ciel, et des plongeons admirables jusqu'au fond de tes domaines : un saltimbanque en serait jaloux. Bienheureux sont-ils, quand tu ne les enveloppes pas définitivement dans tes plis bouillonnants, pour aller voir, sans chemin de fer, dans tes entrailles aquatiques, comment se portent les poissons, et surtout comment ils se portent eux-mêmes. L'homme dit : « Je suis plus intelligent que l'océan. » C'est possible ; c'est même assez vrai ; mais l'océan lui est plus redoutable que lui à l'océan : c'est ce qu'il n'est pas nécessaire de prouver. Ce patriarche observateur, contemporain des premières époques de notre globe suspendu, sourit de pitié, quand il assiste aux combats navals des nations. Voilà une centaine de léviathans qui sont sortis des mains de l'humanité. Les ordres emphatiques des supérieurs, les cris des blessés, les coups de canon, c'est du bruit fait exprès pour anéantir quelques secondes. Il paraît que le drame est fini, et que l'océan a tout mis dans son ventre. La gueule est formidable. Elle doit être grande vers le bas, dans la direction de l'inconnu ! Pour couronner enfin la stupide comédie, qui n'est pas même intéressante, on voit, au milieu des airs, quelque cigogne, attardée par la fatigue, qui se met à crier, sans arrêter l'envergure de son vol : « Tiens !... je la trouve mauvaise ! Il y avait en bas des points noirs ; j'ai fermé les yeux : ils ont disparu. » Je te salue, vieil océan !

Vieil océan, ô grand célibataire, quand tu parcours la solitude solennelle de tes royaumes flegmatiques, tu t'enorgueillis à juste titre de ta magnificence native, et des éloges vrais que je m'empresse de te donner. Balancé voluptueusement par les mols effluves de ta lenteur majestueuse, qui est le plus grandiose parmi les attributs dont le souverain pouvoir t'a gratifié, tu déroules, au milieu d'un sombre mystère, sur toute ta surface sublime, tes vagues incomparables, avec le sentiment calme de ta puissance éternelle. Elles se suivent parallèlement, séparées par de courts intervalles. A peine l'une diminue, qu'une autre va à sa rencontre en grandissant, accompagnées du bruit mélancolique de l'écume qui se fond, pour nous avertir que tout est écume. (Ainsi, les êtres humains, ces vagues vivantes, meurent l'un après l'autre, d'une manière monotone; mais, sans laisser de bruit écumeux.) L'oiseau de passage se repose sur elles avec confiance, et se laisse abandonner à leurs mouvements, pleins d'une grâce fière, jusqu'à ce que les os de ses ailes aient recouvré leur vigueur accoutumée pour continuer le pèlerinage aérien. Je voudrais que la majesté humaine ne fût que l'incarnation du reflet de la tienne. Je demande beaucoup, et ce souhait sincère est glorieux pour toi. Ta grandeur morale, image de l'infini, est immense comme la réflexion du philosophe, comme l'amour de la femme, comme la beauté divine de l'oiseau, comme les méditations du poète. Tu es plus beau que la nuit. Réponds-moi, océan, veux-tu être mon frère? Remue-toi avec impétuosité... plus... plus encore, si tu veux que je te compare à la vengeance de Dieu; allonge tes griffes livides, en te frayant un chemin sur ton propre sein... c'est bien. Déroule tes vagues épouvantables, océan hideux, compris par moi seul, et devant lequel je tombe, prosterné à tes genoux. La majesté de l'homme est empruntée; il ne m'imposera point : toi, oui. Oh! quand tu t'avances, la crête haute et terrible, entouré de tes replis tortueux comme d'une cour, magnétiseur et farouche, roulant tes ondes les unes sur les autres, avec la conscience de ce que tu es, pendant que tu pousses, des profondeurs de ta poitrine, comme accablé d'un remords intense que je ne puis pas découvrir, ce sourd mugissement perpétuel que les hommes redoutent tant, même quand ils te contemplent, en sûreté, tremblants sur le rivage, alors, je vois qu'il ne m'appartient pas, le droit insigne de me dire ton égal. C'est pourquoi, en présence de ta supériorité, je te donnerais tout mon amour (et nul ne sait la quantité d'amour que contiennent mes aspirations vers le beau), si tu ne me faisais douloureusement penser à mes semblables, qui forment avec toi le plus ironique contraste, l'antithèse la plus bouffonne que l'on ait jamais vue dans la création : je ne puis pas t'aimer, je te déteste. Pourquoi reviens-je à toi, pour la millième fois, vers tes bras amis, qui s'entr'ouvrent, pour caresser mon front brûlant, qui voit disparaître la fièvre à leur contact ! Je ne connais pas ta destinée cachée : tout ce qui te concerne m'intéresse. Dis-moi donc si tu es la demeure du prince des ténèbres. Dis-le-moi... dis-le-moi, océan (à moi seul, pour ne pas attrister ceux qui n'ont encore connu que les illusions), et si le souffle de Satan crée les tempêtes qui soulèvent tes eaux salées jusqu'aux nuages. Il faut que tu me le dises, parce que je me réjouirais de savoir l'enfer si près de l'homme. Je veux que celle-ci soit la dernière strophe de mon invocation. Par conséquent, une seule fois encore, je veux te saluer et te faire mes adieux ! Vieil océan, aux vagues de cristal... Mes yeux se mouillent de larmes abondantes, et je n'ai pas la force de poursuivre ; car, je sens que le moment [est] venu de revenir parmi les hommes, à l'aspect brutal ; mais... courage ! Faisons un grand effort, et accomplissons, avec le sentiment du devoir, notre destinée sur cette terre. Je te salue, vieil océan !

Lautréamont, Les Chants de Maldoror

A proximité du phare du Paon, Ile de Bréhat

Saint-Malo n'est qu'un rocher. S'élevant autrefois au milieu d'un marais salant, il devint une île par l'irruption de la mer qui, en 709, creusa le golfe et mit le mont Saint-Michel au milieu des flots. Aujourd'hui, le rocher de Saint-Malo ne tient à la terre ferme que par une chaussée appelée poétiquement le Sillon. Le Sillon est assailli d'un côté par la pleine mer, de l'autre est lavé par le flux qui tourne pour entrer dans le port. Une tempête le détruisit presque entièrement en 1730. Pendant les heures de reflux, le port reste à sec, et à la bordure est et nord de la mer, se découvre une grève du plus beau sable. On peut faire alors le tour de mon nid paternel. Auprès et au loin, sont semés des rochers, des forts, des îlots inhabités ; le Fort-Royal, la Conchée, Cézembre et le Grand-Bé, où sera mon tombeau ; j'avais bien choisi sans le savoir : *be*, en breton, signifie *tombe*.

Chateaubriand, Mémoires d'Outre-tombe

St-Malo, Ile du Grand Bé

Les écueils

Un écueil voisin de la côte est quelquefois visité par les hommes ; un écueil en pleine mer, jamais. Qu'irait-on y chercher ? ce n'est pas une île. Point de ravitaillement à espérer, ni arbres à fruits, ni pâturages, ni bestiaux, ni sources d'eau potable. C'est une nudité dans une solitude. C'est une roche, avec des escarpements hors de l'eau et des pointes sous l'eau. Rien à trouver là que le naufrage.

Ces espèces d'écueils, que la vieille langue marine appelle les Isolés, sont, nous l'avons dit, des lieux étranges. La mer y est seule. Elle fait ce qu'elle veut. Nulle apparition terrestre ne l'inquiète. L'homme épouvante la mer ; elle se défie de lui ; elle lui cache ce qu'elle est et ce qu'elle fait. Dans l'écueil, elle est rassurée ; l'homme n'y viendra pas. Le monologue des flots ne sera point troublé. Elle travaille à l'écueil, répare ses avaries, aiguise ses pointes, le hérisse, le remet à neuf, le maintient en état. Elle entreprend le percement du rocher, désagrège la pierre tendre, dénude la pierre dure, ôte la chair, laisse l'ossement, fouille, dissèque, fore, troue, canalise, met les cœcums en communication, emplit l'écueil de cellules, imite l'éponge en grand, creuse le dedans, sculpte le dehors. Elle se fait, dans cette montagne secrète, qui est à elle, des antres, des sanctuaires, des palais ; elle a on ne sait quelle végétation hideuse et splendide composée d'herbes flottantes qui mordent et de monstres qui prennent racine ; elle enfouit sous l'ombre de l'eau cette magnificence affreuse. Dans l'écueil isolé, rien ne la surveille, ne l'espionne et ne la dérange ; elle y développe à l'aise son côté mystérieux inaccessible à l'homme. Elle y dépose ses sécrétions vivantes et horribles. Tout l'ignoré de la mer est là.

Les promontoires, les caps, les finistères, les nases, les brisants, les récifs, sont, insistons-y, de vraies constructions. La formation géologique est peu de chose, comparée à la formation océanique. Les écueils, ces maisons de la vague, ces pyramides et ces syringes de l'écume, appartiennent à un art mystérieux, l'Art de la Nature, et ont une sorte de style énorme. Le fortuit y semble voulu. Ces constructions sont multiformes. Elles ont l'enchevêtrement du polypier, la sublimité de la cathédrale, l'extravagance de la pagode, l'amplitude du mont, la délicatesse du bijou, l'horreur du sépulcre. Elles ont des alvéoles comme un guêpier, des tanières comme une ménagerie, des tunnels comme une taupinière, des cachots comme une bastille, des embuscades comme un camp. Elles ont des portes, mais barricadées, des colonnes, mais tronquées, des tours, mais penchées, des ponts, mais rompus. Leurs compartiments sont inexorables; ceci n'est que pour les oiseaux; ceci n'est que pour les poissons. On ne passe pas. Leur figure architecturale se transforme, se déconcerte, affirme la statique, la nie, se brise, s'arrête court, commence en archivolte, finit en architrave; bloc sur bloc; Encelade est le maçon. Une dynamique extraordinaire étale là ses problèmes, résolus. D'effrayants pendentifs menacent, mais ne tombent pas. On ne sait pas comment tiennent ces bâtisses vertigineuses. Partout des surplombs, des porte-à-faux, des lacunes, des suspensions insensées; la loi de ce babélisme échappe; l'Inconnu, immense architecte, ne calcule rien, et réussit tout; les rochers, bâtis pêle-mêle, composent un monument monstre; nulle logique, un vaste équilibre. C'est plus que de la solidité, c'est de l'éternité. En même temps, c'est le désordre. Le tumulte de la vague semble avoir passé dans le granit. Un écueil, c'est de la tempête pétrifiée. Rien de plus émouvant pour l'esprit que cette farouche architecture, toujours croulante, toujours debout. Tout s'y entraide et s'y contrarie. C'est un combat de lignes d'où résulte un édifice. On y reconnaît la collaboration de ces deux querelles, l'océan et l'ouragan.

Cette architecture a ses chefs-d'œuvre, terribles.

Victor Hugo, les Travailleurs de la mer

St-Quay-Portrieux

A cette saison de fin d'août, il y a comme un alanguissement de pays chaud qui remonte du midi vers le nord; il y a des soirées lumineuses, des reflets du grand soleil d'ailleurs qui viennent traîner jusque sur la mer bretonne. Très souvent, l'air est limpide et calme, sans aucun nuage nulle part.

Pierre Loti, Pêcheur d'Islande

Crépuscule sur l'oratoire de St-Guirec, Ploumanac'h

Pointe de Pen-Hir

Ploumanac'h

Ploumanac'h

Ploumanac'h

Et dans ce pays, même ce calme, même ces beaux temps, étaient mélancoliques; il restait, malgré tout, une inquiétude planant sur les choses; une anxiété venue de la mer à qui tant d'existences étaient confiées et dont l'éternelle menace n'était qu'endormie.

Gaud, qui songeait en chemin, ne trouvait jamais assez longue sa course de retour au grand air. On sentait l'odeur salée des grèves, et l'odeur douce de certaines fleurs qui croissent sur les falaises entre les épines maigres. Sans la grand-mère Yvonne qui l'attendait au logis, volontiers elle se serait attardée dans ces sentiers d'ajoncs, à la manière de ces belles demoiselles qui aiment à rêver, les soirs d'été, dans les parcs.

Pierre Loti, Pêcheur d'Islande

Trégastel

LA CONQUE

Par quels froids Océans, depuis combien d'hivers,
– Qui le saura jamais, Conque frêle et nacrée! –
La houle sous-marine et les raz de marée
T'ont-ils roulée au creux de leurs abîmes verts?

Aujourd'hui, sous le ciel, loin des reflux amers,
Tu t'es fait un doux lit de l'arène dorée.
Mais ton espoir est vain. Longue et désespérée,
En toi gémit toujours la grande voix des mers.

Mon âme est devenue une prison sonore :
Et comme en tes replis pleure et soupire encore
La plainte du refrain de l'ancienne clameur;

Ainsi du plus profond de ce cœur trop plein d'Elle,
Sourde, lente, insensible et pourtant éternelle,
Gronde en moi l'orageuse et lointaine rumeur.

Heredia, Les Trophées

Au vieux Roscoff

BERCEUSE EN NORD-OUEST MINEUR

Trou de flibustiers, vieux nid
À corsaires ! – dans la tourmente,
Dors ton bon somme de granit
Sur tes caves que le flot hante...

Ronfle à la mer, ronfle à la brise ;
Ta corne dans la brume grise,
Ton pied marin dans les brisans...
– Dors : tu peux fermer ton œil borgne
Ouvert sur le large, et qui lorgne
Les Anglais, depuis trois cents ans.

– Dors, vieille coque bien ancrée ;
Les margats et les cormorans
Tes grands poètes d'ouragans
Viendront chanter à la marée...

– Dors, vieille fille à matelots ;
Plus ne te soûleront ces flots
Qui te faisaient une ceinture
Dorée, aux nuits rouges de vin,
De sang, de feu ! – Dors... Sur ton sein
L'or ne fondra plus en friture.

– Où sont les noms de tes amants...
– La mer et la gloire étaient folles ! –
Noms de lascars ! noms de géants !
Crachés des gueules d'espingoles...

Où battaient-ils, ces pavillons,
Écharpant ton ciel en haillons !...
– Dors au ciel de plomb sur tes dunes...
Dors : plus ne viendront ricocher
Les boulets morts, sur ton clocher
Criblé – comme un prunier – de prunes...

(.../...)

57

– Dors : sous les noires cheminées,
Écoute rêver tes enfants,
Mousses de quatre-vingt-dix ans,
Épaves des belles années...

. . . .

Il dort ton bon canon de fer,
À plat-ventre aussi dans sa souille.
Grêlé par les lunes d'hyver...
Il dort son lourd sommeil de rouille,

– Va : ronfle au vent, vieux ronfleur,
Tiens toujours ta gueule enragée
Braquée à l'Anglais !... et chargée
De maigre jonc-marin en fleur.

Roscoff – Décembre.

Tristan Corbière, Les Amours jaunes

Camaret-sur-Mer

Notre première étape fut Concarneau que nous vîmes assez mal, car la pluie tombait à torrents, des ruisseaux jaunes coulaient au pied des maisons et, s'engouffrant au trou des parapets du port, se versaient sur les bancs de vase où étaient couchées sur le flanc des barques vides. L'eau coulait dessus et pénétrait la toile de leurs voiles endormies dans la boue comme un voyageur fatigué. A la prochaine marée cependant elles se relèveront et s'en iront emmenant avec elles le fucus ou la petite coquille qu'on voit accrochée aux planches de la carène et qui la suit partout dans les flots.

La mer était loin, la vue s'étendait sur les sables et se perdait vite dans la morne teinte du ciel barbouillé par les mille rainures de la pluie.

La ville est ceinte de murailles dont à marée haute la vague vient battre la base, les mâchicoulis sont encore intacts comme au temps de la reine Anne, et la ligne des pierres dentelées s'allonge sur les remparts droite et basse, en se découpant dans la brume.

Gustave Flaubert, Par les champs et par les grèves

Concarneau

Anse du Fret, Crozon

Camaret-sur-Mer

63

On avait tant tardé à partir, qu'à peine s'il y avait de l'eau dans le port, et nous eûmes grand mal à y entrer. Notre quille frôlait contre les petits cailloux du fond, et pour descendre à terre il nous fallut marcher sur une rame comme sur la corde raide.

Resserré entre la citadelle et ses remparts et coupé au milieu par un port presque vide, le Palais nous parut une petite ville assez sotte, qui transsude un ennui de garnison et a je ne sais quoi d'un sous-officier qui bâille.

Gustave Flaubert, Par les champs et par les grèves

Sauzon, Belle-Ile

Au bout du Sillon, planté d'un calvaire, on trouve une butte de sable au bord de la grande mer. Cette butte s'appelle la Hoguette; elle est surmontée d'un vieux gibet : les piliers nous servaient à jouer aux quatre coins; nous les disputions aux oiseaux de rivage. Ce n'était cependant pas sans une sorte de terreur que nous nous arrêtions dans ce lieu.

Là, se rencontrent aussi les *Miels*, dunes où pâturaient les moutons; à droite sont des prairies au bas du Paramé, le chemin de poste de Saint-Servan, le cimetière neuf, un calvaire et des moulins sur des buttes, comme ceux qui s'élèvent sur le tombeau d'Achille à l'entrée de l'Hellespont.

Chateaubriand, Mémoires d'Outre-tombe

St-Malo

L'homme est en mer. Depuis l'enfance matelot,
Il livre au hasard sombre une rude bataille.
Pluie ou bourrasque, il faut qu'il sorte, il faut qu'il
[aille
Car les petits enfants ont faim. Il part le soir,
Quand l'eau profonde monte aux marches du musoir.
Il gouverne à lui seul sa barque à quatre voiles.
La femme est au logis, cousant les vieilles toiles,
Remmaillant les filets, préparant l'hameçon,
Surveillant l'âtre où bout la soupe de poisson,
Puis priant Dieu sitôt que les cinq enfants dorment.
Lui, seul, battu des flots qui toujours se reforment,
Il s'en va dans l'abîme, et s'en va dans la nuit.
Dur labeur ! tout est noir, tout est froid ; rien ne luit.
Dans les brisants, parmi les lames en démence,
L'endroit bon à la pêche, et, sur la mer immense,

Le lieu mobile, obscur, capricieux, changeant,
Où se plaît le poisson aux nageoires d'argent,
Ce n'est qu'un point ; c'est grand deux fois comme la
[chambre.
Or, la nuit, dans l'ondée et la brume, en décembre,
Pour rencontrer ce point sur le désert mouvant,
Comme il faut calculer la marée et le vent !
Comme il faut combiner sûrement les manœuvres !
Les flots le long du bord glissent, vertes couleuvres ;
Le gouffre roule et tord ses plis démesurés
Et fait râler d'horreur les agrès effarés.
Lui songe à sa Jeannie, au sein de mers glacées,
Et Jeannie en pleurant l'appelle ; et leurs pensées
Se croisent dans la nuit, divins oiseaux du cœur.

Victor Hugo, Les pauvres gens (La Légende des siècles)

Le soleil est noyé. – C'est le soir – dans le port
Le navire bercé sur ses câbles, s'endort
Seul ; et le clapotis bas de l'eau morte et lourde,
Chuchote un gros baiser sous sa carène sourde.
Parmi les yeux du brai flottant qui luit en plaque,
Le ciel miroité semble une immense flaque.

Le long des quais déserts où grouillait un chaos
S'étend le calme plat...
                              Quelques vagues échos...
Quelque novice seul, resté mélancolique,
Se chante son pays avec une musique...
De loin en loin, répond le jappement hagard,
Intermittent, d'un chien de bord qui fait le quart,
Oublié sur le pont...

Tout le monde est à terre.

Les matelots farauds s'en sont allés – mystère! –
Faire, à grands coups de gueule et de botte... l'amour.
– Doux repos tant sué dans les labeurs du jour. –
Entendez-vous là-bas, dans les culs-de-sac louches,
Roucouler leur chanson ces tourtereaux farouches!...

– Chantez! La vie est courte et drôlement cordée!
Hâle à toi, si tu peux, une bonne bordée
À jouer de la fille, à jouer du couteau...
Roucoulez mes Amours! Qui sait : demain!... tantôt...

Tristan Corbière, Les Amours jaunes

L'entrée du port du Palais, Belle-Ile

70

71

Mais on nous avait parlé des roches de Belle-Isle. Incontinent donc, nous dépassâmes les portes, et coupant net à travers champs, rabattîmes sur le bord de la mer.

Nous ne vîmes qu'une grotte, une seule (le jour tombait), mais qui nous parut si belle (elle était tapissée de varechs et de coquilles et avait des gouttes d'eau qui tombaient d'en haut), que nous résolûmes de rester le lendemain à Belle-Isle pour en chercher de pareilles, s'il y en avait, et nous repaître à loisir les yeux du régal de toutes ces couleurs. (...)

Nous commençâmes par un sentier dans les herbes, il suivait le haut de la falaise, montait sur ses pointes, descendait dans ses vallons et continuait dessus en faisant le tour de l'île.

Quand un éboulement l'avait coupé, nous remontions plus haut dans la campagne et, nous réglant sur l'horizon de la mer, dont la barre bleue touchait le ciel, nous regagnions ensuite le haut de la côte que nous retrouvions à l'improviste ouvrant son abîme à nos côtés.

Gustave Flaubert, Par les champs et par les grèves

Pointe des Poulains, Belle-Ile

**Le phare et les ruines de l'abbaye,
Pointe de St-Mathieu**

74

L'escalier du phare d'Eckmühl

75

OCÉANO NOX

Oh! combien de marins, combien de capitaines
Qui sont partis joyeux pour des courses lointaines,
Dans ce morne horizon se sont évanouis!
Combien ont disparu, dure et triste fortune!
Dans une mer sans fond, par une nuit sans lune,
Sous l'aveugle océan à jamais enfouis!

Combien de patrons morts avec leurs équipages!
L'ouragan de leur vie a pris toutes les pages,
Et d'un souffle il a tout dispersé sur les flots!
Nul ne saura leur fin dans l'abîme plongée.
Chaque vague en passant d'un butin s'est chargée;
L'une a saisi l'esquif, l'autre les matelots!

Nul ne sait votre sort, pauvres têtes perdues!
Vous roulez à travers les sombres étendues,
Heurtant de vos fronts morts des écueils inconnus.
Oh! que de vieux parents, qui n'avaient plus qu'un rêve,
Sont morts en attendant tous les jours sur la grève
            Ceux qui ne sont pas revenus!
. . . .

Bientôt des yeux de tous votre ombre est disparue.
L'un n'a-t-il pas sa barque et l'autre sa charrue?
Seules, durant ces nuits où l'orage est vainqueur,
Vos veuves aux fronts blancs, lasses de vous attendre,
Parlent encor de vous en remuant la cendre
       De leur foyer et de leur cœur!

Et quand la tombe enfin a fermé leur paupière,
Rien ne sait plus vos noms, pas même une humble pierre
Dans l'étroit cimetière ou l'écho nous répond,
Pas même un saule vert qui s'effeuille à l'automne,
Pas même la chanson naïve et monotone
Que chante un mendiant à l'angle d'un vieux pont!

Où sont-ils, les marins sombrés dans les nuits noires?
Ô flots, que vous savez de lugubres histoires!
Flots profonds redoutés des mères à genoux!
Vous vous les racontez en montant les marées,
Et c'est ce qui vous fait ces voix désespérées
Que vous avez le soir quand vous venez vers nous!

Victor Hugo, les Rayons et les Ombres

DEFENSE DE TOUCHER

Grand Phare, Belle-Ile

Grand Phare, Belle-Ile

La Bretagne est, de toute la France, le pays où les mœurs gauloises ont laissé les plus fortes empreintes. (...) Là, les coutumes féodales sont encore respectées. Là, les antiquaires retrouvent debout les monuments des druides. Là, le génie de la civilisation moderne s'effraye de pénétrer à travers d'immenses forêts primordiales. (...) Un sol encore sillonné de ravins, de torrents, de lacs et de marais, hérissé de haies, espèces de bastions en terre qui font de chaque champ une citadelle. (...)

Les seules réunions connues sont les assemblées éphémères que le dimanche ou les fêtes de la religion consacrent à la paroisse. Ces réunions silencieuses, dominées par le *Recteur*, ne durent que quelques heures. Après avoir entendu la voix terrible de ce prêtre, le paysan retourne pour une semaine dans sa demeure insalubre; il en sort pour le travail, il y rentre pour dormir. S'il y est visité, c'est par ce recteur, l'âme de la contrée. Aussi, fût-ce à la voix de ce prêtre que des milliers d'hommes se ruèrent sur la République, et que ces parties de la Bretagne fournirent, des masses de soldats à la chouannerie.

Balzac, les Chouans

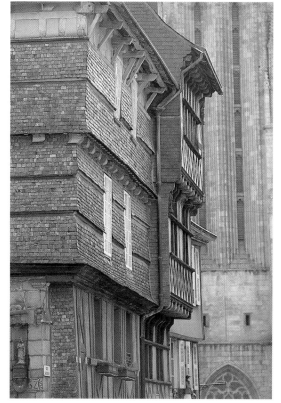

Quimper

Au fond d'un vallon, d'un ravin plutôt, l'église de la Mère-Dieu se voile sous le feuillage des hêtres. A cette place, dans le silence de cette grande verdure, à cause sans doute de son petit portail gothique que l'on croirait du XIIIe siècle et qui est du XVIe, elle a je ne sais quel air qui rappelle ces chapelles discrètes des vieux romans et des vieilles romances, où l'on armait chevalier le page qui partait pour la Terre-Sainte, un matin, au chant de l'alouette, quand les étoiles pâlissaient, et qu'à travers la grille passait la main blanche de la châtelaine que le baiser de départ trempait aussitôt de mille pleurs d'amour.

Gustave Flaubert, Par les champs et par les grèves

Locronan

En sortant de l'obscurité du bois, nous franchîmes une avant-cour plantée de noyers, attenante au jardin et à la maison du régisseur; de là nous débouchâmes par une porte bâtie dans une cour de gazon, appelée la *Cour verte*. A droite étaient de longues écuries et un bouquet de marronniers; à gauche, un autre bouquet de marronniers. Au fond de la cour, dont le terrain s'élevait insensiblement, le château se montrait entre deux groupes d'arbres. Sa triste et sévère façade présentait une courtine portant une galerie à mâchicoulis, denticulée et couverte. Cette courtine liait ensemble deux tours inégales en âge, en matériaux, en hauteur et en grosseur, lesquelles tours se terminaient par des créneaux surmontés d'un toit pointu, comme un bonnet posé sur une couronne gothique.

Quelques fenêtres grillées apparaissaient çà et là sur la nudité des murs.

Chateaubriand, Mémoires d'Outre-tombe

Fort la Latte

La ville de Fougères est assise en partie sur un rocher de schiste que l'on dirait tombé en avant des montagnes qui ferment au couchant la grande vallée du Couësnon. (...) Cette roche est terminée par une église gothique dont les petites flèches, le clocher, les arcs-boutants, achèvent de lui donner la forme d'un pain de sucre. Devant la porte de cette église, dédiée à saint Léonard, se trouve une petite place irrégulière dont les terres sont soutenues par un mur exhaussé en forme de balustrade, et qui communique par une rampe à la Promenade. Semblable à une seconde corniche, cette esplanade se développe circulairement autour du rocher, à quelques toises en dessous de la place Saint-Léonard, et offre un large terrain planté d'arbres, qui vient aboutir aux fortifications de la ville. (...)

A l'endroit où la promenade aboutit aux fortifications s'élève une tour nommée la *tour du Papegaut*. A partir de cette construction carrée, règne tantôt une muraille, tantôt le roc quand il offre des tables droites.

Balzac, Les Chouans

Nous nous trouvâmes de plain-pied dans une salle jadis appelée la *salle des Gardes*. (...) Deux corridors à plan incliné, comme le corridor de la grande Pyramide, partaient des deux angles extérieurs de la salle et conduisaient aux petites tours. Un escalier, serpentant dans l'une de ces tours, établissait des relations entre la salle des Gardes et l'étage supérieur : tel était ce corps de logis.

Celui de la façade de la grande et de la grosse tour, dominant le nord, du côté de la Cour Verte, se composait d'une espèce de dortoir carré et sombre, qui servait de cuisine ; il s'accroissait du vestibule, du perron et d'une chapelle. Au-dessus de ces pièces, était le salon des *Archives*, ou des *Armoiries*, ou des *Oiseaux*, ou des *Chevaliers*, ainsi nommé d'un plafond semé d'écussons coloriés et d'oiseaux peints. Les embrasures des fenêtres étroites et tréflées, étaient si profondes, qu'elles formaient des cabinets autour desquels régnait un banc de granit. Mêlez à cela, dans les diverses parties de l'édifice, des passages et des escaliers secrets, des cachots et des donjons, un labyrinthe de galeries couvertes et découvertes, des souterrains murés dont les ramifications étaient inconnues ; partout silence, obscurité et visage de pierre : voilà le château de Combourg.

Chateaubriand, Mémoires d'Outre-tombe

Fort la Latte

Ile de Fédrun, Grande Brière

Ile de Bréhat

Ile de Fédrun,
Grande Brière

Printemps en Bretagne

Le printemps, en Bretagne, est plus doux qu'aux environs de Paris, et fleurit trois semaines plus tôt. Les cinq oiseaux qui l'annoncent, l'hirondelle, le loriot, le coucou, la caille et le rossignol, arrivent avec des brises qui hébergent dans les golfes de la péninsule armoricaine. La terre se couvre de marguerites, de pensées, de jonquilles, de narcisses, d'hyacinthes, de renoncules, d'anémones, comme les espaces abandonnés qui environnent Saint-Jean-de-Latran et Sainte-Croix-de-Jérusalem, à Rome. Des clairières se panachent d'élégantes et hautes fougères; des champs de genêts et d'ajoncs resplendissent de leurs fleurs qu'on prendrait pour des papillons d'or. Les haies, au long desquelles abondent la fraise, la framboise et la violette, sont décorées d'aubépines, de chèvrefeuille, de ronces dont les rejets bruns et courbés portent des feuilles et des fruits magnifiques. Tout fourmille d'abeilles et d'oiseaux; les essaims et les nids arrêtent les enfants à chaque pas. Dans certains abris, le myrte et le laurier-rose croissent en pleine terre, comme en Grèce; la figue mûrit comme en Provence; chaque pommier, avec ses fleurs carminées, ressemble à un gros bouquet de fiancée de village.

Aujourd'hui, le pays conserve des traits de son origine : entrecoupé de fossés boisés, il a de loin l'air d'une forêt et rappelle l'Angleterre : c'était le séjour des fées, et vous allez voir qu'en effet j'y ai rencontré une sylphide. Des vallons étroits sont arrosés par de petites rivières non navigables. Ces vallons sont séparés par des landes et par des futaies à cepées de houx. Sur les côtes, se succèdent phares, vigies, dolmens, constructions romaines, ruines de châteaux du moyen âge, clochers de la renaissance : la mer borde le tout. Pline dit de la Bretagne : *Péninsule spectatrice de l'Océan.*

Chateaubriand, Mémoires d'Outre-tombe

Quand nous eûmes bien tourné autour, nous redescendîmes vers la rivière que nous traversâmes en bateau et nous nous enfonçâmes dans la campagne.

Elle est déserte et singulièrement vide. Des arbres, des genêts, des ajoncs, des tamarins au bord des fossés, des landes qui s'étendent, et d'hommes, nulle part. Le ciel était pâle ; une pluie fine, mouillant l'air, mettait sur le pays comme un voile uni qui l'enveloppait d'une teinte grise. Nous allions dans des chemins creux qui s'engouffraient sous des berceaux de verdure, dont les branches réunies, s'abaissant sur nos têtes, nous permettaient à peine d'y passer debout. La lumière, arrêtée par le feuillage, était verdâtre et faible comme celle d'un soir d'hiver. Tout au fond, cependant, on voyait jaillir un jour vif qui jouait sur le bord des feuilles et en éclairait les découpures. Puis on se trouvait au haut de quelque pente aride descendant toute plate et unie, sans un brin d'herbe qui tranchât sur l'uniformité de sa couleur jaune. Quelquefois, au contraire, s'éle-vait une longue avenue de hêtres dont les gros troncs luisants avaient de la mousse à leurs pieds. Des traces d'ornières passaient là, comme pour mener à quelque château qu'on s'attendait à voir ; mais l'avenue s'arrêtait tout à coup et la rase campagne s'étalait au bout. Dans l'écartement de deux vallons, elle développait sa verte étendue sillonnée en balafres noires par les lignes capricieuses des haies, tachée çà et là par la masse d'un bois, enluminée par des bouquets d'ajoncs, ou blanchie par quelque champ cultivé au bord des prairies qui remontaient lentement vers les collines et se perdaient dans l'horizon. Au-dessus d'elles, bien loin à travers la brume, dans un trou du ciel, apparaissait un méandre bleu, c'était la mer. (...)

Un clocher est sorti d'entre les arbres ; nous avons traversé un champ en friche, escaladé le haut bord d'un fossé ; deux ou trois maisons ont paru : c'était le village.

Gustave Flaubert

101

Souvent, j'apercevais des forêts dans le lointain. Ces paysages bretons humides et bien verts me rappellent ceux d'Angleterre. En France, le contour que les forêts tracent sur le ciel est composé d'une suite de petites pointes; en Angleterre, ce contour est formé par de grosses masses arrondies. Serait-ce qu'il y a plus de vieux arbres en Angleterre?

Stendhal, Mémoires d'un touriste

Monts d'Arrée, Commana

Entre la mer et la terre s'étendent des campagnes péla-giennes, frontières indécises des deux éléments : l'alouette de champ y vole avec l'alouette marine ; la charrue et la barque à un jet de pierre l'une de l'autre, sillonnent la terre et l'eau. Le navigateur et le berger s'empruntent mutuellement leur langue : le matelot dit *les vagues moutonnent*, le pâtre dit *des flottes de moutons*. Des sables de diverses couleurs, des bancs variés de coquillages, des varecs, des franges d'une écume argentée, dessinent la lisière blonde ou verte des blés.

Chateaubriand,
Mémoires d'Outre-tombe

Dans la baie du Mont-Saint-Michel

Nos chevaux reposèrent à un village de pêcheurs sur la grève de Cancale. Nous traversâmes ensuite les marais et la fiévreuse ville de Dol.

Durant quatre mortelles lieues, nous n'aperçûmes que des bruyères guirlandées de bois, des friches à peine écrêtées, des semailles de blé noir, court et pauvre, et d'indigentes avénières.

Chateaubriand, Mémoires d'Outre-tombe

Pour me distraire, je me suis mis à regarder hors du cabriolet. Après la première lieue qui conduit de Dol au rivage au milieu d'une plaine admirablement cultivée, surtout en colza, le chemin est souvent à dix pas de la mer. Aussitôt qu'on a dépassé un grand rocher qui défend cette plaine contre les flots et qui et probablement le mont Dol, on aperçoit à une immense distance sur la droite, et par-dessus les vagues un peu agitées, le Mont-Saint-Michel.

Stendhal, Mémoires d'un touriste

Vue depuis le Mont Dol

La Grande Brière

La Grande Brière

109

Le soir je m'embarquais sur l'étang, conduisant seul mon bateau, au milieu des joncs et des larges feuilles flottantes du nénuphar. Là, se réunissaient les hirondelles prêtes à quitter nos climats. Je ne perdais pas un seul de leur gazouillis. Elles se jouaient sur l'eau au tomber du soleil, poursuivaient les insectes, s'élançaient ensemble dans les airs, comme pour éprouver leurs ailes, se rabattaient à la surface du lac, puis se venaient suspendre aux roseaux que leur poids courbait à peine, et qu'elles remplissaient de leur ramage confus.

Chateaubriand, Mémoires d'Outre-tombe

Île de Bréhat

Le Ménez-Hom

Monts d'Arrée, Roc Trévezel

Une pierre posée sur d'autres s'appelle un *dolmen*, qu'elle soit horizontale ou verticale; un rassemblement de pierres debout et recouvertes sur leur sommet par des dalles consécutives, formant ainsi une série de *dolmens*, est une *grotte aux fées*, *robe aux fées*, *table des fées*, *table du diable* ou *palais des géants*, car, ainsi que ces maîtres de maison qui vous servent un vin identique sous des étiquettes différentes, les Celtomanes, qui n'avaient presque rien à nous offrir, ont décoré de noms divers des choses pareilles. Quand ces pierres sont rangées en ellipse, sans aucun chapeau sur les oreilles, il faut dire : Voilà un *cromlech;* lorsqu'on aperçoit une pierre étalée horizontalement sur deux autres verticales on a affaire à un *lichaven* ou *trilithe*, mais je préfère *lichaven* comme plus scientifique, plus local, plus essentiellement celtique. Quelquefois deux énormes blocs sont supportés l'un sur l'autre, ne semblant se toucher que par un seul point de contact, et on lit dans les livres « qu'elles sont équilibrées de telle façon que le vent même suffit quelquefois pour imprimer au bloc supérieur une oscillation marquée », assertion que je ne nie pas (tout en me méfiant quelque peu du vent celtique), quoique ces pierres prétendues branlantes n'aient jamais remué sous tous les coups de pied que nous avons eu la candeur de leur donner; elles s'appellent alors pierres *roulantes* ou *roulées*, pierres *retournées* ou *transportées*, pierres *qui dansent* ou pierres *dansantes*, pierres *qui virent* ou pierres *virantes*. Il reste à vous faire connaître ce que c'est qu'une *fichade*, une pierre *fiche*, une pierre *fixée*; ce qu'on entend par *haute borne*, pierre *latte* et pierre *lait*; en quoi une pierre *fonte* diffère d'une pierre *fiette* et quels rapports existent entre une *chaire au diable* et une *pierre droite* (...).

J'allais oublier le tumulus! Ceux qui sont composés à la fois de cailloux et de terre sont appelés *borrows* en haut style, et les simples monceaux de cailloux, *galgals*.

Gustave Flaubert

SOLEIL COUCHANT

Les ajoncs éclatants, parure du granit,
Dorent l'âpre sommet que le couchant allume;
Au loin, brillante encor par sa barre d'écume,
La mer sans fin commence où la terre finit.

A mes pieds c'est la nuit, le silence. Le nid
Se tait, l'homme est rentré sous le chaume qui fume;
Seul, l'Angélus du soir, ébranlé dans la brume,
A la vaste rumeur de l'Océan s'unit.

Alors, comme du fond d'un abîme, des traînes,
Des landes, des ravins, montent des voix lointaines
De pâtres attardés ramenant le bétail.

L'horizon tout entier s'enveloppe dans l'ombre,
Et le soleil mourant, sur un ciel riche et sombre,
Ferme les branches d'or de son rouge éventail.

Heredia, Les Trophées

« Le doigt de Gargantua », Fort la Latte

117

Bientôt, enfin, nous aperçûmes dans la campagne des rangées de pierres noires, alignées à intervalles égaux, sur onze files parallèles qui vont diminuant de grandeur à mesure qu'elles s'éloignent de la mer; les plus hautes ont vingt pieds environ et les plus petites ne sont que de simples blocs couchés sur le sol. Beaucoup d'entre elles ont la pointe en bas, de sorte que leur base est plus mince que leur sommet. Cambry dit qu'il y en avait quatre mille et Fréminville en a compté douze cents; ce qu'il y a de certain, c'est qu'il y en a beaucoup.

Gustave Flaubert, Par les champs et par les grèves

Alignements de Kerlescan, Carnac

La nuit, quand la lune roulait dans les nuages et que la mer mugissait sur le sable, les druidesses errantes parmi ces pierres (si elles y erraient toutefois) devaient être belles il est vrai avec leur faucille d'or, leur couronne de verveine et leur traînante robe blanche rougie du sang des hommes. Longues comme des ombres, elles marchaient sans toucher terre, les cheveux épars, pâles sous la pâleur de la lune. D'autres que nous déjà se sont dit que ces grands blocs immobiles peut-être les avaient vues jadis, d'autres comme nous viendront aussi là sans comprendre.

Gustave Flaubert, Par les champs et par les grèves

Détail d'un mégalithe sculpté,
tumulus de Gavrinis

121

Lichens et mousse,
Alignements de Lagatjar

Menhir près de Penmarc'h

Ombres des alignements de Kerzerho, Erdeven

Allée couverte près de Mougau-Vian

L'aspect général du pays est morne et triste; tout est pauvre et fait songer à l'extrême misère; c'est une plaine dont quelques parties sont en culture : celles-là sont entourées de petits murs en pierres sèches.

A cinq cents pas du triste village d'Erdeven, près de la ferme de Kerzerho, on commence à apercevoir de loin des blocs de granit, dominant les haies et les murs en pierres sèches. A mesure qu'on approche, l'esprit est envahi par une curiosité intense. On se trouve en présence d'un des plus singuliers problèmes historiques que présente la France. Qui a rassemblé ces vingt mille blocs de granit dans un ordre systématique?

Stendhal, Mémoires d'un touriste

Alignements de Kerzerho, Erdeven

Elle arriva à une chapelle, qu'on apercevait de loin sur une hauteur. C'était une chapelle toute grise, très petite et très vieille ; au milieu de l'aridité d'alentour, un bouquet d'arbres, gris aussi et déjà sans feuilles, lui faisait des cheveux, des cheveux jetés tous du même côté, comme par une main qu'on y aurait passée.

Et cette main était celle aussi qui fait sombrer les barques des pêcheurs, main éternelle des vents d'ouest qui couche, dans le sens des lames et de la houle, les branches tordues des rivages. Ils avaient poussé de travers et échevelés, les vieux arbres, courbant le dos sous l'effort séculaire de cette main-là.

Un petit mur croulant dessinait autour un enclos enfermant des croix. Et tout était de la même couleur, la chapelle, les arbres et les tombes ; le lieu tout entier semblait uniformément hâlé, rongé par le vent de la mer ; un même lichen grisâtre, avec ses taches d'un jaune pâle de soufre, couvrait les pierres, les branches noueuses, et les saints en granit qui se tenaient dans les niches du mur. (...)

Elle entra dire une prière sous ce porche antique, tout petit, usé, badigeonné de chaux blanche. Mais là elle s'arrêta, avec un plus fort serrement de cœur.

Gaos ! encore ce nom, gravé sur une des plaques funéraires comme on en met pour garder le souvenir de ceux qui meurent au large.

Elle se mit à lire cette inscription :

En mémoire de
GAOS, JEAN-LOUIS,
âgé de 24 ans, matelot à bord de la *Marguerite*,
disparu en Islande, le 3 août 1877.
Qu'il repose en paix !

Pierre Loti, Pêcheur d'Islande

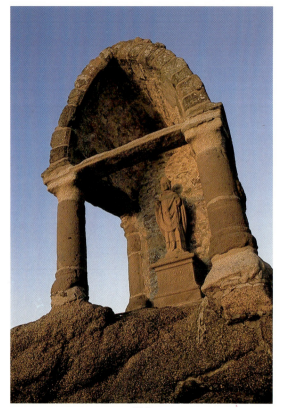

Oratoire de St-Guirec,
Ploumanac'h

130

Sculpture du porche de St-Nonna Penmarc'h

131

MARIS STELLA

Sous les coiffes de lin, toutes, croisant leurs bras
Vêtus de laine rude ou de mince percale,
Les femmes, à genoux sur le roc de la cale,
Regardent l'Océan blanchir l'île de Batz.

Les hommes, pères, fils, maris, amants, là-bas,
Avec ceux de Paimpol, d'Audierne et de Cancale,
Vers le Nord, sont partis pour la lointaine escale.
Que de hardis pêcheurs qui ne reviendront pas!

Par-dessus la rumeur de la mer et des côtes
Le chant plaintif s'élève, invoquant à voix hautes
L'Étoile sainte, espoir des marins en péril;

Et l'Angélus, courbant tous ces fronts noirs de hâle,
Des clochers de Roscoff à ceux de Sybiril
S'envole, tinte et meurt dans le ciel rose et pâle.

Heredia, les Trophées

Enclos paroissial, St-Thégonnec

132

Aux carrefours, les vieux christs qui gardaient la campagne, étendaient leurs bras noirs sur les calvaires, comme de vrais hommes suppliciés, et, dans le lointain, la Manche se détachait en clair, en grand miroir jaune sur un ciel qui était déjà obscurci par le bas, déjà ténébreux vers l'horizon.

Pierre Loti, Pêcheur d'Islande

Notre-Dame-de-Tronoën

Au fond était couchée une forme terrible;
Une femme immobile et renversée, ayant
Les pieds nus, le regard obscur, l'air effrayant;
Un cadavre; – autrefois, mère joyeuse et forte;
Le spectre échevelé de la misère morte;
Ce qui reste du pauvre après un long combat.
Elle laissait parmi la paille du grabat,
Son bras livide et froid et sa main déjà verte
Pendre et l'horreur sortait de cette bouche ouverte
D'où l'âme en s'enfuyant, sinistre, avait jeté
Ce grand cri de la mort qu'entend l'éternité!

Victor Hugo, Les pauvres gens
(La Légende des siècles)

Notre-Dame-de-Tronoën

Statues des apôtres, Kermaria-an-Isquit   138

Statues des apôtres, détail

139

Plafond peint, La Roche-Maurice

Abside de la chapelle du château de Kerjean

141

Sculpture de l'ossuaire,
La Roche-Maurice

Lanleff

Ruine du Vieux Bourg, Parc National Régional d'Armorique   144

Un charme singulier transpire de ces pauvres églises. Ce n'est pas leur misère qui émeut, puisqu'alors même qu'il n'y a personne, on dirait qu'elles sont habitées. N'est-ce pas plutôt leur pudeur qui ravit ? Car avec leur clocher bas, leur toit qui se cache sous les arbres, elles semblent se faire petites et s'humilier sous le grand ciel de Dieu. Ce n'est point, en effet, une pensée d'orgueil qui les a bâties, ni la fantaisie pieuse de quelque grand de la terre en agonie. On sent, au contraire, que c'est l'impression simple d'un besoin, le cri naïf d'un appétit, et comme le lit de feuilles sèches du pâtre, la hutte que l'âme s'est faite pour s'y étendre à l'aise à ses heures de fatigue. Plus que celles des villes, ces églises de village ont l'air de tenir au caractère du pays qui les porte et de participer davantage à la vie des familles qui, de père en fils, viennent à la même place y poser les genoux sur la même dalle. Chaque dimanche, chaque jour, en entrant et en sortant, ne revoient-ils pas en outre les tombes de leurs parents, qu'ils ont ainsi près d'eux dans la prière, comme à un foyer plus élargi d'où ils ne sont pas absents tout à fait ? Ces églises ont donc un sens harmonique où, comprise entre le baptistère et le cimetière, s'accomplit la vie de ces hommes. Il n'en est pas ainsi chez nous qui, reléguant l'éternité hors barrière, exilons nos morts dans les faubourgs, pour les loger dans le quartier des équarisseurs et des fabriques de soude, à côté des magasins de poudrette.

Gustave Flaubert,
Par les champs et par les grèves

PAYSAGE MAUVAIS

Sables de vieux os – Le flôt râle
Des glas : crevant bruit sur bruit...
– Palud pâle, où la lune avale
De gros vers, pour passer la nuit.

– Calme de peste, où la fièvre
Cuit... Le follet damné languit.
– Herbe puante où le lièvre
Est un sorcier poltron qui fuit...

– La Lavandière blanche étale
Des trépassés le linge sale,
Au *soleil des loups*... – Les crapauds,

Petits chantres mélancoliques
Empoisonnent de leurs coliques,
Les champignons, leurs escabeaux.

Tristan Corbière, Armor

Abbaye de Beauport, Paimpol

Et puis c'était la brise qui passait, comme d'invisibles baisers qui nous coulaient sur la figure, c'était le ciel où il y avait des nuages allant vite, roulant une poudre d'or, la lune qui se levait, les étoiles qui se montraient. Nous nous roulions l'esprit dans la profusion de ces splendeurs, nous en repaissions nos yeux; nous en écartions les narines, nous en ouvrions les oreilles; quelque chose de la vie des éléments émanant d'eux-mêmes, sous l'attraction de nos regards, arrivait jusqu'à nous, s'y assimilant, faisait que nous les comprenions dans un rapport moins éloigné, que nous les sentions plus avant, grâce à cette union plus complexe. A force de nous en pénétrer, d'y entrer, nous devenions nature aussi, nous sentions qu'elle gagnait sur nous et nous en avions une joie démesurée; nous aurions voulu nous y perdre, être pris par elle ou l'emporter en nous.

Gustave Flaubert, Par les monts et par les grèves

BRISE MARINE

L'hiver a défleuri la lande et le courtil.
Tout est mort. Sur la roche uniformément grise
Où la lame sans fin de l'Atlantique brise,
Le pétale fané pend au dernier pistil.

Et pourtant je ne sais quel arôme subtil
Exhalé de la mer jusqu'à moi par la brise,
D'un effluve si tiède emplit mon cœur qu'il grise ;
Ce souffle étrangement parfumé, d'où vient-il ?

Ah ! Je le reconnais. C'est de trois mille lieues
Qu'il vient, de l'Ouest, là-bas où les Antilles bleues
Se pâment sous l'ardeur de l'astre occidental ;

Et j'ai, de ce récif battu du flot kymrique,
Respiré dans le vent qu'embauma l'air natal
La fleur jadis éclose au jardin d'Amérique.

Heredia, les Trophées

Environs de Plomeur (Sud-Finistère)

Les vents.

Les vents courent, volent, s'abattent, finissent, recommencent, planent, sifflent, mugissent, rient; frénétiques, lascifs, effrénés, prenant leurs aises sur la vague irascible. Ces hurleurs ont une harmonie. Ils font tout le ciel sonore. Ils soufflent dans la nuée comme dans un cuivre, ils embouchent l'espace, et ils chantent dans l'infini, avec toutes les voix amalgamées des clairons, des buccins, des oliphants, des bugles et des trompettes, une sorte de fanfare prométhéenne. Qui les entend écoute Pan. Ce qu'il y a d'effroyable, c'est qu'ils jouent. Ils ont une colossale joie composée d'ombre. Ils font dans les solitudes la battue des navires. Sans trêve, jour et nuit, en toute saison, au tropique comme au pôle, en sonnant dans leur trompe éperdue, ils mènent, à travers les enchevêtrements de la nuée et de la vague, la grande chasse noire des naufrages. Ils sont des maîtres de meutes. Ils s'amusent. Ils font aboyer après les roches les flots, ces chiens. Ils combinent les nuages, et les désagrègent. Ils pétrissent, comme avec des millions de mains, la souplesse de l'eau immense.

L'eau est souple parce qu'elle est incompressible. Elle glisse sous l'effort. Chargée d'un côté, elle échappe de l'autre. C'est ainsi que l'eau se fait l'onde. La vague est sa liberté.

. . . .

La grande venue des vents vers la terre se fait aux équinoxes. A ces époques la balance du tropique et du pôle bascule, et la colossale marée atmosphérique verse son flux sur un hémisphère et son reflux sur l'autre. Il y a des constellations qui signifient ces phénomènes, la Balance, le Verseau.

C'est l'heure des tempêtes.

La mer attend, et garde le silence.

Quelquefois le ciel a mauvaise mine. Il est blafard, une grande panne obscure l'obstrue. Les marins regardent avec anxiété l'air fâché de l'ombre.

Mais c'est son air satisfait qu'ils redoutent le plus. Un ciel riant d'équinoxe, c'est l'orage faisant patte de velours. Par ces ciels-là, la Tour des Pleureuses d'Amsterdam s'emplissait de femmes examinant l'horizon.

Quand la tempête vernale ou automnale tarde, c'est qu'elle fait un plus gros amas. Elle thésaurise pour le ravage. Méfiez-vous des arrérages.

Quand l'attente est trop longue, la mer ne trahit son impatience que par plus de calme. Seulement la tension magnétique se manifeste par ce qu'on pourrait nommer l'inflammation de l'eau. Des lueurs sortent de la vague. Air électrique, eau phosphorique. Les matelots se sentent harassés.

Victor Hugo, les Travailleurs de la mer

Dans le ciel très couvert, très épais, il y avait çà et là des déchirures, comme des percées dans un dôme, par où arrivaient de grands rayons couleur d'argent rose.

Les nuages inférieurs étaient disposés en une bande d'ombre intense, faisant tout le tour des eaux, emplissant les lointains d'indécision et d'obscurité. Ils donnaient l'illusion d'un espace fermé, d'une limite; ils étaient comme des rideaux tirés sur l'infini, comme des voiles tendus pour cacher de trop gigantesques mystères qui eussent troublé l'imagination des hommes.

Pierre Loti, Pêcheur d'Islande

Pointe de Pen-Hir

St-Malo

Côte Sauvage, Quiberon

Mais ce qu'il faut admirer en Bretagne, c'est la lune se levant sur la terre et se couchant sur la mer.

Établie par Dieu gouvernante de l'abîme, la lune a ses nuages, ses vapeurs, ses rayons, ses ombres portées comme le soleil; mais comme lui, elle ne se retire pas solitaire; un cortège d'étoiles l'accompagne. A mesure que sur mon rivage natal elle descend au bout du ciel, elle accroît son silence qu'elle communique à la mer; bientôt elle tombe à l'horizon, l'intersecte, ne montre plus que la moitié de son front qui s'assoupit, s'incline et disparaît dans la molle intumescence des vagues. Les astres voisins de leur reine, avant de plonger à sa suite, semblent s'arrêter, suspendus à la cime des flots. La lune n'est pas plus tôt couchée, qu'un souffle venant du large brise l'image des constellations, comme on éteint les flambeaux après une solennité.

Chateaubriand, Mémoires d'Outre-tombe

Mont-St-Michel

Dans la même collection